AF188723

Maja Vandenwald

Vers(s)trickungen des Alltags

Der tägliche Wahnsinn in Reimen

Illustration: Ulrike Spieckermann
Bild: Fotolia
Herstellung und Verlag: BoD
Books on Demand, Norderstedt

ISBN: 978-3-744855-80-8

Inhalt

Alltag

Nachbars Hund

Springt der Hund von nebenan
mich doch wieder fröhlich an.
Dabei komme ich zu Fall,
lande hart mit lautem Knall.

Er steht über mir und hechelt,
und ich glaube fast, er lächelt.
Vorsichtshalber lieg´ ich still -
ob er wohl nur spielen will?

Seine lange Zunge schlabbert
durch mein Haar - oh Gott, er sabbert!
Leider hab´ ich an der Hose
unten einen Faden lose.

Dran zu ziehen wird der Rüde
leider wohl so schnell nicht müde.
Das Malheur nimmt seinen Lauf:
Meine Hose ribbelt auf.

Frauchen hat mich nach 2 Stunden
ganz zerrissen aufgefunden.
Mit dem kleinen Wörtchen "Aus!"
schickt sie ihren Hund ins Haus.

Wie? SO EINFACH ist die Sache?
Also steh´ ich auf und lache.
Und die Hose? War schon alt -
etwas Schwund ist immer halt.

Hunde-Appetit

Hat man einen großen Hund,
geht´s im Leben richtig rund.
Weil sie stets in Küchen lungern,
fürchten, dass sie gleich verhungern.

Nahrung muss man gut verstecken,
weil die Hunde alles schlecken.
Manchmal fressen sie auch Sachen,
die nachher Probleme machen.

Kontokarten beispielsweise
sind doch eine tolle Speise,
werden aber, ungekaut,
leider nicht sehr gut verdaut.

Fällt das Häufchen machen schwer,
geht es ab zum Vet´rinär.
Einlauf in den Hundepo
macht auch Herrchen wieder froh.

Nase bohren

Manches komische Gebaren
hat der Mensch beim Autofahren.
Muß er an der Ampel halten,
braucht die Hände nicht zum Schalten,

sieht man, wie er ganz verzückt
den Finger in die Nase drückt,
bohrt und stochert, bis er dann
einen Schleimpfropf finden kann.

Klebrig, schleimig, gelb und feucht,
wird er erst einmal beäugt.
Wenn man nun das Resultat
intensiv betrachtet hat,
sucht man es an Sitz und Türen
unauffällig abzuschmieren.
Meistens bleibt es aber eben
an den Fingerkuppen kleben.

Ganz verzweifelt fährt man wieder
mit dem Finger auf und nieder,
um an Sitzen, Türen, Kabeln
diesen Popel abzunabeln.

Wenn dies alles nichts bezweckt,
wird er schließlich abgeleckt,
und, erlöst von dieser Pein,
blickt man wieder fröhlich drein.

Tanzen

Tanzen ist ein schöner Sport –
man bewegt sich rhythmisch fort,
doch, das ist der Trick dabei,
dazu braucht man meistens zwei.

Einer, der den Takt durchblickt,
führt den Partner ganz geschickt,
welcher sich nun an ihn schmiegt
und sich auch synchron verbiegt.

Dabei ist jedoch verboten,
dass die Beine sich verknoten
oder dass bei jedem Schritt
man sich auf die Füße tritt.

Manchmal muss man sich auch drehen
oder gegenüberstehen,
Wenn man aneinander kracht,
hat man etwas falsch gemacht.

Üben, üben und probieren,
dann kann gar nichts mehr passieren,
dann wird jeder kleinste Rhythmus
zum Impuls, bei dem man mitmuss.

Beim Zahnarzt 1

Ein kranker Zahn ist allgemein
für jeden Menschen eine Pein.
Es fängt zuerst ganz harmlos an:
Ein schwacher Schmerz, ein Pochen
dann,

doch weil man gern den Zahnarzt mei-
det,
ignoriert man, dass man leidet.
Man schluckt in Mengen Aspirine,
der Zahn jedoch wird zur Ruine.

Bei jedem Bissen, jedem Happen
bleibt gleich ein Teil im Zahnloch pap-
pen.
Doch wenn dann erst die Backe
schwillt,
kein Aspirin den Schmerz mehr stillt,

dann ist es nicht mehr zu umgehen,
sich nach dem Zahnarzt umzusehen.
So schleicht man zum Dentallabor
und kommt sich hundeelend vor.

Im Wartezimmer herrscht Gedränge –
man zwängt sich in die Menschen-
menge
und horcht, ob durch die Polstertüre
nicht mal ein Laut nach draußen führe.

Doch nein, es herrscht nur dumpfes
Schweigen,
man scheut sich, seine Angst zu zeigen.
Der eine zupft nervös am Ohr,
der and're holt die Zeitung vor,

ein kleines Kind bohrt in der Nase,
zwei Frauen wechseln eine Phrase,
die Spannung steigt, und man ist bange
vor Zahnarzt, Bohrer und der Zange.

Die Tür geht auf, nach alter Sitte
ertönt es sanft "Der Nächste bitte".
Die Knie sind weich, die Finger
klamm,
man fühlt sich wie ein Opferlamm.

Ein Zittern schüttelt alle Glieder,
doch folgsam setzt man sich hernieder.
Man harrt des Doktors angsterfüllt
und hofft, dass er die Schmerzen stillt.

Dieser prüft im ganzen Mund,
ob und welcher Zahn gesund,
ob das Zahnfleisch nicht geschwunden,
da hat er schon das Loch gefunden,

und er ruft "Du liebe Zeit!
Das ist keine Kleinigkeit!
Der Zahn muss raus, da hilft nichts
mehr",
und prompt holt er die Spritze her.

Gut gezielt setzt er sie an,
damit man nichts mehr spüren kann.
Dann rupft und rüttelt er sehr lange,
packt Zahn und Wurzel mit der Zange.

Da, wo der Zahn einst schmerzte noch,
klafft lediglich ein großes Loch.
Zwar ist man immer noch benommen,
doch wird der Schmerz nicht wieder-
kommen.

Erleichtert geht man an die Luft –
nun ist er raus, der Zahn, der Schuft!
Kein Aspirin mehr, keine Nacht,
die so ein Zahn zur Hölle macht.

Beim Zahnarzt 2

Neulich war ich beim Dentisten,
um oral mich auszumisten.
Dieser prüfte die Molaren,
ob sie noch in Ordnung waren,

stieß dabei auf diesem Wege
leider auch auf Zahnbeläge.
"Woher kommen die denn nur?"
Der Dentist war auf der Spur.

"Nikotin, das muss es sein!"
"Nein, ich rauche nicht mehr, nein!"
"Tee", war seine nächste Spur.
"Nein, ich trinke Kaffee nur."

"Ja, dann wissen wir ja nun,
was Sie künftig nicht mehr tun."
Kommt ja gar nicht in die Tüte,
dass ich mich vor Kaffee hüte.

Morgens brauch´ ich Koffein,
weil ich sonst zu müde bin.
Mittags nach dem Essen auch,
das beruhigt den vollen Bauch.

Abends hält mich Kaffee wach,
meine Müdigkeit in Schach.
Habe das beim Zahnarzt eben
aber gar nicht zugegeben.

Schwinge lieber meine Haxe
öfter mal zur Prophylaxe.
Sollen die das Zeug zertrümmern -
ICH muss mich um Kaffee kümmern.

Die Tablette

Manches Leiden auf der Welt
gibt es, das uns nicht gefällt.
Schon beim kleinsten Muskelschmerz
wird gar manchem schwer ums Herz,

oder sei´s ein Bluterguss,
unter dem man leiden muss,
wenn nicht gar ein Kreislaufschaden
oder Stechen in den Waden!

Beim leisesten Alarmsignal
sitzt man beim Arzt im Wartesaal.
Man harrt der Dinge, die da kommen,
und ist vor Angst schon ganz benom-
men.

Der Blutdruck steigt, das Herz pocht
wild,
schon hat der Arzt ein falsches Bild.
Drum ist es ratsam auch zuweilen,
des Kranken Psyche anzupeilen.

Ein jeder hofft auf Linderung
der lästigen Behinderung,
setzt sein Vertrauen in Tabletten,
die manchem schon geholfen hätten –

so weiß man von Bekannten,
die ihm Tabletten nannten.
Hat er genug Chemie im Blut,
geht es ihm plötzlich wieder gut.

Dieses Faktum, das statistisch
erwiesen ist und realistisch,
ließ dies frappante Phänomen
in einem neuen Lichte steh´n.

Nur der Glaube und der Wille
heilen mehr als jede Pille.
So ergab sich kurzerhand,
dass Placebos man erfand:

Attrappen, die zwar wirkstofflos,
die Wirkung aber tadellos:
Man schluckt und glaubt, und das Er-
gebnis
ist meistens ein Erfolgserlebnis.

Der Verdienst der Pharmazie
liegt nicht allein in der Chemie,
sondern dass den Menschen man
psychisch überlisten kann.

Akupunktur

Seitdem der Mensch auf dieser Welt,
ihn hie und da ein Schmerz befällt,
und das ist schon für die Chinesen
ein spannendes Metier gewesen.

Sie durften Menschen nicht zerschnei-
den
zur Studie von Eingeweiden,
erfanden darum ein Prinzip,
bei dem der Körper heile blieb.

Ein jeder Mensch hat Energie.
Man fragte sich: „Wo bleibt denn die?"
und fand heraus: Ein Meridian
ist eine solche Power-Bahn.

Dort fließt die Kraft, dort setzt man an,
damit der Mensch sich heilen kann.
Bald hatte man exakt erkannt,
wo welcher Meridian sich fand,

der, wenn man ihn denn stimulierte,
den Energiefluss regulierte.
So musste man bei den Gebrechen
den Mensch mal hier-, mal dorthin ste-
chen,

wobei die Nadel, spitz und fein,
verblieb in Arm, Ohr oder Bein,
für wenigstens ein paar Minuten,
um ihn mit neuer Kraft zu fluten.

Die Wirkung konnt´ man unterstützen
mit Propfen auf den Nadelspitzen,
die, angezündet, leise glimmten
und so verstärkt den Körper trimmten.

Dies macht in China man noch heute
und heilt auf diese Art die Leute.
Auch hier bei uns hat man erkannt,
dass Pieksen manches Leiden bannt,

sodass sogar die Krankenkassen
sich manchmal dies was kosten lassen.
Doch nach wie vor ist das Prinzip
den meisten Ärzten nicht so lieb.

Zeitintensiv und kompliziert,
wird es von vielen ignoriert
und abgetan als Hokuspokus,
drum machte ich mir einen Jokus,

ließ mich von vielen Nadeln stechen,
um endlich einmal mitzusprechen.
Ich gebe zu: schlecht ist es nicht.
Ich reduzierte mein Gewicht,

und ließ mir dazu in die Ohren
zwei kleine Dauernadeln bohren,
die werden immer stimuliert,
wenn mich der Hunger attackiert.

Es hilft, und das ist kaum zu glauben,
den Appetit herabzuschrauben.
Und stehe ich in meiner Küche,
verlocken mich die Kochgerüche,

dann brauch´ ich nur am Ohr zu zwi-
cken,
um den Impuls zu unterdrücken.
Schon kann ich wieder weiterrühren,
kein Essensduft mich mehr verführen.

Ich danke vielmals den Chinesen,
die damals sind so schlau gewesen,
und sollt´s mich wieder beißen, drü-
cken,
lass ich mich gern noch einmal zwi-
cken.

Passfoto

Mein Personalausweis war alt,
ich brauchte einen neuen halt,
und weil ich ziemlich sparsam bin,
ging ich mit alten Bildern hin

zum Amt und fragte freundlich an,
ob man dies Foto nehmen kann.
Die Dame dort war ganz empört,
weil sich das wirklich nicht gehört.

Wie konnte ich es auch bloß wagen,
ein altes Bild zum Amt zu tragen?
„Das Foto ist zehn Jahre alt,
und da verändert man sich halt.

Ich brauch´ ein neueres Porträt."
Ich dachte an mein Portemonnaie,
doch half kein Jammern und Geschrei,
ich brauchte dieses Konterfei.

So schlich ich denn zum Fotograf –
wer ist auf solche Fotos scharf?
Bemühte mich beim leisen Klicken,
nicht ganz so sauer dreinzublicken.

Vier Bilder musst´ ich finanzieren,
und brauchte eins nur von den vieren.
Zehn Euro fünfzig war ich los,
und das für diese Bildchen bloß.

Im Rathaus wurd´ mir mitgeteilt:
„Drei Wochen dauert´s, wenn´s nicht
eilt".
Acht Euro musst´ ich überweisen,
jetzt kann ich wieder weit verreisen.

Schwimmbad

Ins Schwimmbad gehen – das sei
Spaß?
Oh nein, der pure Stress ist das.
Hab´ ich das Drehkreuz überwunden
und einen freien Schrank gefunden,

dann quetsch´ ich mich in die Kabine,
mach´ zu der Enge gute Miene.
Doch muss ich mich verdammt verbie-
gen,
um meine Kleider auszukriegen.

Der Schwimmanzug scheint eingelau-
fen –
ich muss wohl einen neuen kaufen.
Aus jeder Öffnung quillt der Speck –
da müssen ein paar Kilos weg.

Ich sehe aus wie Wurst im Darm,
es rinnt der Schweiß, mir ist zu warm.
Am liebsten würd´ ich wieder gehen -
so muss mich wirklich keiner sehen.

Doch bin ich hier im Freundeskreise,
da kneift man nicht auf diese Weise.
Nun schnell noch in die Badeschlap-
pen,
das Duschgel und das Handtuch
schnappen,

die Kleider in die Tasche stopfen.
Ich hör´ schon meine Freunde klopfen.
Ich komm´ ja schon, und Gott sei Dank
find´ ich auf Anhieb einen Schrank.

Der ist natürlich viel zu klein.
Die Tasche passt da kaum hinein,
und auch das Pfand kommt wieder raus
bei mir ist fast der Ofen aus.

Die Freundin leiht mir etwas Geld,
das dieses Mal der Schrank behält.
Na bitte, geht doch, und ich sause
als nächstes unter eine Brause.

Dann zügig ab ins Wasserbecken,
um meinen Körper zu verstecken.
Das nützt nicht viel, weil alle Frauen
die kleinen Tricks sofort durchschauen.

Die Freundin sagt voll Mitgefühl:
„Du hast wohl ein paar Pfund zu viel."
Der Meinung schließt sich auch ihr Mann
mit einem schrägen Lächeln an.

Die Freunde ärgern mich so richtig –
ach, wär´ doch Wasser undurchsichtig.
Ich schaue hoffnungsvoll zur Uhr,
bald kommt das Ende der Tortur.

So sieht man mich denn nach dem Du-schen
ganz schnell zu meinem Schrankfach huschen.
Doch in der Einsamkeit der Zelle
folgt neuer Ärger auf der Stelle,

denn leider werde ich nicht trocken,
und alles klebt, sogar die Socken.
Die Haare wollen nicht mehr liegen,
ich könnte glatt das Heulen kriegen.

Doch endlich bin ich angezogen,
nur meine Tasche ist verbogen,
und feuchte Flecke auf der Jacke –
ach, Schwimmen gehen ist doch K..ata-
strophal.

Schwimmen ist wohl nichts für mich,
Es ist einfach fürchterlich.
Besser ist ein Zeitvertreib,
wo ich angezogen bleib´.

Arme A(rsch)stronauten

Neulich las ich in der Presse:
Was ein Astronaut auch esse,
Rülpsen nach korrektem Kauen
hat bisher nicht hingehauen.

Doch die Luft muss wieder raus,
tritt dafür halt hinten aus.
Das jedoch stinkt den Kollegen,
und sie ärgern sich deswegen.

Künftig gibt´s spezielles Essen,
und das Pupsen ist vergessen.
Luft ist wieder atembar –
na, ist das nicht wunderbar?

Begegnung

Einst brauchte ich ein neues Kleid
und stürzte mich, konsumbereit,
in das Gewühl bei C&A,
weil´s damals dort so billig war.

Ich tastete mit viel Gefühl
mich durch die Ständer mit Textil
und hoffte, etwas zu entdecken,
was dienlich meinen Kleidungszwe-
cken.

Es sollte sportlich sein und chic,
der Stoff nicht labbrig, sondern dick.
Dazu ein Preis, der mir gefiel –
verlangte ich da wohl zu viel?

Bald war ich ganz entnervt vom Su-
chen,
begann so vor mich hin zu fluchen,
und hoffte, dass, wenn ich nichts fände,
das Glück sich halt woanders wende.

Ein Ständer noch, und dann war
Schluss
mit diesem C&A – Verdruss.
Da hatte zwischen all den Roben
ein Mann sich in den Gang geschoben

und diesen ziemlich ungeniert
mit seinem breiten Po blockiert.
„Entschuldigung", sprach ich ihn an,
„ich komm´ nicht an die Kleider ´ran.

Wenn Sie einmal so freundlich wären,
mir freien Durchgang zu gewähren?"
Jedoch, er reagierte nicht,
sah nicht einmal in mein Gesicht.

So stand ich hinter seinem Rücken,
die Wut war kaum zu unterdrücken.
„Entschuldigung, könnt´ ich vorbei?"
Er tat, als ob ich Luft nur sei.

„Das ist ja wirklich unerhört",
hab ich mich lauthals nun beschwert,
jedoch der Mann blieb ganz gelassen,
die Frechheit war doch nicht zu fassen.

„Das ist ja wieder typisch Mann",
fing ich zu lamentieren an,
„Steht da als sei er festgeklebt,
das habe ich noch nicht erlebt!"

Noch während meiner Zeterei
kam eine kleine Frau herbei,
die sachte diesen Mann berührte,
behutsam ihn beiseite führte

und mit ihm sprach mittels Gebärden.
Man sah mich immer kleiner werden.
Sie schenkte mir nur einen Blick
und ließ mich ganz beschämt zurück.

Verflogen war die ganze Rage
ob dieser peinlichen Blamage.
Stumm stand ich da, fast wie gelähmt,
nie habe ich mich mehr geschämt,

und leider hab´ ich unterdessen
das Wort „Entschuldigung" vergessen.
Das Ehepaar war schon lange fort,
da stand ich wohl noch immer dort.

Man sollte halt bei fremden Leuten
nicht alles nur zum Schlechten deuten.

Die Unterhose

Die Unterhose ist sehr wichtig,
denn sitzt dies edle Teil nicht richtig,
so ist dies äußerst unbequem
und sicherlich nicht angenehm.

Der ganze Tag ist schnell verpatzt,
wenn es im Schritte kneift und kratzt,
doch gibt´s, gottlob, für jeden Steiß
das rechte Teil zum rechten Preis.

Der Feinripp, weiß, mit hohem Bund
und langem Bein – der ist gesund,
ist kochfest, warm und garantiert,
dass sexuell auch nichts passiert.

Dann gibt´s die Baumwollhose, glatt,
die nicht so lange Beine hat.
Das Bündchen reicht noch bis zum Na-
bel,
ist somit grad noch respektabel.

Zum Tanga könnte man tendieren.
Dann muss man sich jedoch rasieren,
sonst lugen ein paar Haare raus,
und das sieht wirklich blöde aus.

So manches knackig junge Ding
begnügt sich oft mit einem String.
Jedoch, das muss gewaltig zwacken
mit einer Strippe in den Backen.

Für Frauen ist es eine Last,
bis endlich eine Hose passt,
das Angebot jedoch für Männer
erfordert wahre Wäschekenner.

Der Mann trägt nämlich vielerorts
auch Retro- oder Boxershorts,
denn darin wird nun garantiert
kein edles Teil mehr abgeschnürt.

Doch wichtig ist nicht nur die Form –
der Eingriff zählt hier ganz enorm.
Ob ohne, waagrecht, vertikal –
hier hat der Mann die Qual der Wahl.

Man sieht: der Kauf von solchen Sa-
chen
kann einen richtig fertig machen.
Ein bisschen Stoff und soviel Pein,
da kauf´ ich gleich auf Vorrat ein,

und erst, wenn alle Nähte krachen,
werd´ ich mich auf die Socken machen.
Ich bleib´ vielleicht auch gleich zu
Haus
und such´ im Katalog was aus.

Einkaufen

Immer, wenn ich STAR TREK schaue,
leise meine Chips verdaue,
denke ich, es wär´ nicht schlecht,
gäb´s den Replikator echt.

Jeder, den der Hunger quält,
hat im Nu was ausgewählt,
sagt „Ich hätte gern Salat",
und sofort steht der parat.

Aus dem Nichts wird raffiniert
jede Nahrung repliziert.
Man braucht lediglich zu kauen
und das Zeug danach verdauen.

Gegenwärtig ist es, ehrlich,
nahrungstechnisch recht beschwerlich.
Will ich regelmäßig essen,
Vitamine nicht vergessen,

ist der Aufwand für die Nahrung
viel zu hoch, zeigt die Erfahrung,
weil in all zu kurzer Frist
alles aufgefressen ist.

Darum möcht´ ich heut´ beweisen,
was es heißt, gesund zu speisen.
Erst einmal muss man ermessen:
wann wird was bei uns gegessen?

Zweitens muss man überlegen:
„Gibt es was, das alle mögen?",
worauf drittens resigniert
man wie immer resümiert:

soll´s was sein, das allen schmeckt,
wird die Liste abgespeckt,
woraufhin die Speisenwahl
schrumpft auf eine kleine Zahl,

und so muss man nach zwei Wochen
wieder mal das gleiche kochen.
So ist Kochen recht frustierend
und nicht schön und animierend.

Hat man seinen Frust vertrieben,
wird die Liste aufgeschrieben,
und man macht sich auf die Reise,
einzukaufen Trank und Speise.

Leider ist der Parkplatz knapp,
wieder steht man ganz weitab,
hat mit Mühe noch ergattert
einen Einkaufskorb, der rattert,

und man stürzt sich mit Gefühl
in das Supermarktgewühl.
Das bedeutet, unter Fluchen
seine Lebensmittel suchen

und sie in den engen Gängen
in den Einkaufskorb zu zwängen.
Schlange stehen muss man auch
für ein Stückchen Schweinebauch.

Braucht man etwas ganz bestimmtes,
sieht man oft: ein and´rer nimmt es,
und dann ist es ausverkauft,
wenn man auch die Haare rauft.

Meist ist die Familie stur,
isst bestimmte Dinge nur.
Ein Produkt der Konkurrenz
lehnt man ab mit Vehemenz.

Also gibt es nun statt dessen
etwas anderes zu essen.
Nun noch schnell die Tiefkühlkost,
und dann endlich: ab die Post.

An der Kasse steht man dann
leider viel zu lange an,
wuchtet seinen Proviant
aus dem Wagen auf das Band,

und von hier, mit schnellem Hasten
wieder in den Einkaufskasten.
Ist man, nun schon ganz benommen,
an dem Auto angekommen,

liftet man zum vierten Mal
seine Waren unter Qual,
um sie sicher zu verstauen
und nach Hause abzuhauen.

Aber kaum, dass man zu Haus,
packt man alles wieder aus,
um es aus des Autos Tiefen
mühsam bis ins Haus zu hieven.

Hier wird wiederum sortiert,
was man und was nicht gefriert,
was man ohne viel Bedenken
lagert in den Küchenschränken,

was in Kühlschrank oder Keller,
isst man's morgen oder schneller?
All das muss man überlegen,
um die Kochkultur zu pflegen.

Auch die Zeiten muss man wissen,
die die Speisen garen müssen,
dies geschickt koordinieren,
um es zeitgleich zu servieren.

Ist das Essen pünktlich gar,
setzt man sich zu Tische zwar,
aber nun folgt das Gemecker,
niemand sagt: „Mmh, schmeckt das le-
cker."

Lediglich weil es gesund,
stopft man es sich in den Schlund,
isst sich nicht mal richtig satt,
weil's nicht Chips gegeben hat.

Fünf Minuten oder schneller,
übrig bleiben volle Teller,
wieder wirft man vieles weg,
hat denn Kochen dann noch Zweck?

Bleibt jedoch die Küche kalt,
hört man, wie es lauthals schallt:
„Mensch, vor Hunger hängt mein Ma-
gen,
heute könnt´ ich was vertragen."

Leider steht nichts auf dem Herd –
wie man´s macht, ist es verkehrt.

Fernsehen

Manchmal hab´ ich abends Frust
oder einfach keine Lust
auf Aktionen außer Haus,
ruh´ statt dessen lieber aus.

Auf dem Sofa lieg´ ich dann,
stelle meine Glotze an
und beginne zu studieren,
was die Sender offerieren.

ARD: von sechs bis acht
wird die Werbung hier gebracht.
Kukident und Meister Proper –
ganz auf deutsch, für Oma, Opa,

nebenan beim ZDF:
Tierarztpraxis mit Gekläff
oder Serien mit Affen,
da hat jeder was zu gaffen.

Daily Soap bei den Privaten
oder Klatsch aus allen Sparten,
hie und da auch ein Report,
Live-Zuschaltungen vor Ort,

Mord und Totschlag und Gewalt
bietet man mir hier geballt.
Und ich zappe munter weiter –
Teleshopping, das ist heiter.

Eine manikürte Hand
zeigt mir Schmuck und and´ren Tand.
Oder schau ich lieber Sport?
Wieder Interviews vor Ort,

wo man müde Sportler fragt:
„Warum haben Sie versagt?"
Hoffentlich macht so ein Recke
den Reporter mal zur Schnecke.

Weiter geht es mit Reklame:
Slipeinlagen für die Dame,
für die Herren Eau de Klo,
Nassrasierer sowieso,

und McDonald´s darf nicht fehlen,
dass uns uns´re Kinder quälen.
Nicht der Werbung nur allein
kann ich mir hier sicher sein,

Quiz-Shows auch von jeder Art
bleiben niemandem erspart.
Hoffe ich auf 20 Uhr-
von Erlösung keine Spur!

ARD: ein Heimatschinken –
wie mir diese Schnulzen stinken!
ZDF bringt zu der Zeit
Volksmusik im Dirndlkleid.

RTL ist auch nicht besser:
Krankenhaus, Chirurgenmesser,
Flugzeugabsturz auf Pro Sieben,
das ist etwas übertrieben.

Ich such´ seichte Unterhaltung
und nichts über Seelenspaltung,
Hämorrhoiden, Herzinfarkt,
auch nichts über Aktienmarkt.

Will nicht immer Katastrophen,
nur ´nen schönen Film zum Poofen!
Mystery und Akte X
ist für die Gestressten nix.

Endlich habe ich nach Stunden
was im Spätprogramm gefunden.
Ein Columbo, welch ein Segen,
Kommissar auf leisen Wegen.

Hierbei stört kein lauter Schuss
meinen Fernsehschlafgenuss,
meine Seele lass´ ich baumeln,
um danach ins Bett zu taumeln.

Im Theater

Geht man abends festlich aus,
etwa in ein Opernhaus,
fühlt man sich mit Wohlbehagen
musikalisch fortgetragen.

Man genießt die Harmonie
mancher schöner Melodie.
Auf dem Gipfel der Betörung
gibt es schon die erste Störung.

Mit beträchtlichem Gewühl
quetscht sich jemand durchs Gestühl.
Dieses sieht ein Vordermann
als Signal zum Knistern an,

was die Nächsten dazu nutzen,
ihre Nasen laut zu putzen.
Und dann ist mit einem Male
keine Ruhe mehr im Saale.

Angespannt bis in die Spitzen,
fängt man langsam an zu schwitzen,
kann sich nicht mehr konzentrieren,
weil Gerüche zirkulieren.

Vorne rechts, die kleine Oma
hat ein beißendes Aroma,
und ein blumiges Bukett
zieht von hinten durchs Parkett.

Knoblauch, Schweiß und Essensduft
liegen auch noch in der Luft.
Man ist derart enerviert,
dass man nach der Pause giert,

und man hofft, dass durch das Lüften
endlich Schluss ist mit den Düften.
Wenn man dann im Saale sitzt,
hat es sich noch zugespitzt,

denn nach Alkohol und Rauch
riecht es mittlerweile auch.
So beginnt man sich zu fragen:
wie ist sowas zu ertragen?

Helfen kann hier keine Pille,
nur ein eisenharter Wille,
Störungen zu akzeptieren
und entspannt zu ignorieren.

Dann empfindet man mit Freude
diese Aug´ - und Ohrenweide,
und man findet´s wieder schön,
ins Theater auszugeh´n.

Naturgesetze

Es kommt grundsätzlich dann der Re-
gen,
wenn nirgendwo ein Schirm zugegen.

Steh´ ich, egal wo, in der Schlange –
bei meiner dauert´s doppelt lange.

Die Ampel macht mit „Rot" Verdruss,
wann immer man sich sputen muss.

Hat man das Auto frisch poliert,
kommt gleich ein Vogel, der´s be-
schmiert.

Sitzt man gemütlich auf dem Thron,
dann klingelt gleich das Telefon.

Das Blatt Papier, das mir so wichtig,
liegt wo im Stapel? – Unten, richtig.
Doch wühl´ ich mich von unten rauf,
dann liegt es, logisch, obenauf.

Wenn Eltern brav zu Hause sind,
dann schläft es gut, das kleine Kind.
Kaum nimmt das Elternpaar sich frei,
schon drohen Krankheit und Geschrei.

Sind Fenster frisch geputzt und rein,
setzt gleich darauf der Regen ein.

Nie sieht ein Chef, das ist ein Graus,
die vielen Überstunden,
doch geht man einmal früh nach Haus,
schon hat er´s rausgefunden.

Der Lehrer sieht im Unterricht
den hochgereckten Finger nicht,
doch immer, wenn man gar nichts
kann,
dann nimmt er einen sicher dran.

„Nivea"-Allergie

Zuweilen geh´ ich zur Kosmetik
für meine äußere Ästhetik.
Dort will man wissen, welche Crem´
ich täglich für mein Antlitz nehm´.

„Nivea", sag´ ich dann entspannt.
Die Wirkung ist mir wohlbekannt.
Die Reaktion ist sehr energisch,
da man dagegen hier allergisch.

„Nivea" ist in diesen Kreisen
ein unverzeihliches Entgleisen.
Der Schock sitzt tief, und wie erwartet,
hält man mich für total entartet.

Ich spüle stets mit diesem Wort
die kühle Maskerade fort.
Das Lächeln schwindet schnell dahin,
weil ich ja so barbarisch bin.

Ich glaube nicht, dass teure Sachen
mein Hautbild deutlich besser machen.
Da können die Kosmetik-Frauen
mir noch so bös´ ins Auge schauen.

Sie können´s selber ausprobieren
und dieses schlimme Wort zitieren.
Ob groß, ob klein, ob schlau, ob dumm,
„Nivea" haut sie alle um.

Sperrmüll

Neulich schrieb ich eine Karte,
dass ich auf den Sperrmüll warte,
zählte auf die vielen Dinge,
die ich in den Sperrmüll bringe,

um an dem bestimmten Morgen
diesen Krempel zu entsorgen.
Aufzusteh´n in aller Frühe
war für mich zu viel der Mühe,

also schleppte ich das Zeug
tags zuvor zum Bürgersteig,
stapelte mit viel Gefühl,
dass niemand auf die Nase fiel.

Freudig rieb ich mir die Hände,
als die Plackerei zu Ende,
setzte mich danach ins Haus,
ruhte von der Arbeit aus.

Allzu kurz war meine Pause,
denn ich hörte vor dem Hause
ein Gepolter und Rumoren –
das klang arg in meinen Ohren.

An mein Fenster schlich ich bald,
öffnete es einen Spalt,
um das lärmende Geschehen
unerkannt mitanzusehen.

War da doch von meinem Dreck
mindestens die Hälfte weg,
und der Rest wurd´ weggetragen
von drei Kerls zu einem Wagen.

So schnell konnt´ ich gar nicht
schauen,
wie **die** wieder abgehauen.
Mir war´s letztlich einerlei,
ich war´s los, die Straße frei,

aber für den nächsten Morgen
gab es nichts mehr zu entsorgen.
Nächstens schreib´ ich keine Karte,
nein, ich leg´ was raus und warte.

Irgendeiner kommt bestimmt,
der den Sperrmüll mit sich nimmt.

Damenhandtasche

Meine Schulter tut mir weh,
denn die Tasche ist zu schwer.
Was ich nun darin erspäh´,
mahnt mich: Mach´ sie lieber leer.

Eine Bürste und ein Spiegel,
Taschentücher und ein Buch,
Nagelfeile, Schokoriegel,
ein Kalender und ein Tuch.

Lippenstifte, Sonnenbrille,
Schlüssel, Handy, Nagelschere.
Alles brauch´ ich, denk´ ich stille,
davon kommt nicht diese Schwere.

Pfefferminz und Chewing Gum,
Deo, Haarspray, eine Schleife,
und mein kleiner roter Kamm,
Sagrotan und etwas Seife.

Hm, das kann ich doch nicht missen,
alles dies ist unentbehrlich,
doch ich möchte wirklich wissen:
Was macht Taschen schwer? Mal ehrlich!

Alles dies sind kleine Sachen,
sind doch alle gar nicht schwer.
Ach, das Spray hier für den Rachen -
nein, das brauche ich nicht mehr.

Hänge mir die Tasche um
und muss sagen: schon viel besser.
Das ist gut, denn: schubidumm,
hab´ ich Platz für´s Taschenmesser.

Schulter tut noch immer weh,
an der Tasche kann´s nicht liegen,
wenn ich nun ins Inn´re seh:
Aufgeräumt und sehr gediegen.

Nein, der Grund für meinen Schmerz
liegt womöglich doch am Alter,
oder ist es gar das Herz
oder doch der Büstenhalter?

Frühling

Vorfrühling

Das Auto morgens eisig weiß.
Ich muss wohl kratzen, so ein Sch..lamas-
sel.
Es ist auch kalt, ich bin vermummelt,
hab´mir was in den Bart gegrummelt.

Die Laune ist noch echt im Keller.
Ich fahre wütend etwas schneller,
da stoppt mich jäh die Polizei,
weil ich zu schnell gefahren sei.

Ich komme dann zu spät zum Job.
Der Chef, er wäscht mir harsch den Kopp.
Dann ist auch noch der Kaffee alle,
worauf ich fast ins Koma falle.

Jedoch, die Sonne scheint schön hell
und weckt mich wieder viel zu schnell.
Ich nutze heute alle Pausen,
um schnell zum Eiscafé zu sausen.

Ich schleck´ mich heute kugelrund.
Das ist bestimmt nicht sehr gesund
und auch nicht gut für die Figur -
darüber lach´ ich heute nur.

Das Leben mag mich wieder leiden,
und ich werd´ wohl die Waage meiden.

Zeitumstellung

An meinem Fenster sitz´ ich drinnen
und sehe da den Regen rinnen.
Das macht mir heute gar nichts aus,
denn ich will sowieso nicht raus.

Bin müde von der Sommerzeit,
die olle Zeitumstellung leid.
Die and´ren schreien: "Bist du blöd?
im Dunkeln sitzen ist doch öd´."

Die wollen gern noch abends Licht,
verstehen mich wohl wirklich nicht.
Mein Körper aber ächzt und gähnt,
weil er sich noch im Winter wähnt.

Der Wecker läutet in der Frühe.
Ich quäl´ mich aus dem Bett mit Mühe.
Der Tag, er zieht sich mühsam hin,
weil ich nicht ausgeschlafen bin.

Jedoch am Abend werd´ ich munter,
da fährt der Körper nicht herunter.
Ich liege wach und zähle Schafe
und habe Frust, weil ich nicht schlafe.

Dann steh´ ich müde wieder auf,
wobei ich mir die Haare rauf´.
Die Müdigkeit und auch der Frust –
sie halten an bis zum August.

Da bin ich wieder fast wie neu,
worüber ich mich wirklich freu´!
Doch im Oktober droht sie wieder:
Die Zeitumstellung macht mich nieder!

Es wird besser

Der Rasen kriegt jetzt wieder Dünger,
ich fühle mich bedeutend jünger,
die ersten Knospen kommen raus,
ich gehe wieder aus dem Haus,

das Auto hat jetzt Sommerreifen,
ich kann es wirklich kaum begreifen -
der Frühling, endlich ist er hier.
Oh Wettergott, ich danke dir.

Sauerländer im Frühling

Der Frühling kommt, die Sonne
scheint,
was Leute an der Luft vereint.
Sie sitzen draußen und genießen,
wie rundherum die Blumen sprießen.

das erste Eis an frischer Luft,
der ersten Grillwurst toller Duft,
die erste Pollenallergie,
das erste blöde Mückenvieh,

dann bald die erste Meckerei,
wie grell doch diese Sonne sei.
Die Bauern wünschen sich den Regen,
sonst gibt es keinen Erntesegen.

Die Sauerländer sind halt so,
sind immer erst beim Meckern froh.

Erster Mai

Erster Mai: im ganzen Wald
hört man, wie die Mucke schallt.
Väter, Mütter, Hunde, Blagen,
Alkohol im Bollerwagen,

sieht man sie im Walde wandern
von dem einen Ziel zum andern.
Zwischendurch wird gern gerastet
und dabei auch nicht gefastet.

Durch die Kehlen fließet hier
jede Menge Schnaps und Bier.
Und mit jedem Meter weiter
werden auch die Ernsten heiter,

grölen fröhlich laut, mal leiser
und sind dann am Ende heiser.
Irgendwo wird meist gegrillt
und der Hunger so gestillt.

Irgendwann sind alle oppe,
geh´n nach Haus mit schwerem Koppe,
müssen sich von diesem Tage
jetzt erholen, keine Frage.

Zweiter Mai

Bin nun schon seit ein paar Tagen
blaubefleckt und angeschlagen.
Gehe deshalb nicht mehr raus,
denn die Bäume schlagen aus!!!

Muttertag 1

Und wieder naht der Muttertag,
ob den wohl jede Mutter mag?
Denn ihre Kinder will man locken,
ihr Geld für Unsinn zu verzocken.

Für Blumen oder Schokolade
ist doch das Taschengeld zu schade.
Auch Haushaltshelfer oder Töpfe
sind mittlerweile alte Zöpfe.

Die Mütter woll´n an allen Tagen
bestimmt nur eines: liebe Blagen.
Das hört jedoch kein Kind so gern,
denn "lieb sein" liegt den meisten fern.

Weil aber das Gewissen drückt,
wird Mama mat´riell beglückt.
Drum, liebe Mütter, nehmt es an,
weil euer Kind nicht anders kann.

Muttertag 2

Der Muttertag, er naht erneut,
oh, wie sich jede Mutter freut.
Die Kinder, die ja früh erwachen,
begeben sich ans Frühstück machen

und packen wirklich liebevoll
ein riesiges Tablett ihr voll.
Gefrühstückt wird im Bett, na klar –
da werden Mutterträume wahr.

Um sechs, das Kissen hinterm Rücken,
muss sie den ersten Toast verdrücken.
Die Kinder hocken mit im Bette
und krümeln tüchtig um die Wette.

Der Kaffee schwappt, und braune Fle-
cken
verzieren Laken und die Decken.
Der Vater schnarcht noch unterdessen
er hat den Muttertag vergessen.

Die Kinder sind schon ganz in Eile,
verdrücken sich nach einer Weile.
Die Frühstücksreste und den Dreck
räumt Mutter ganz alleine weg.

Die Mittagszeit, sie rückt heran –
heut´ kochen Kinder und der Mann.
Das Essen ist total missraten –
Kartoffeln roh, verbrannt der Braten.

So trifft man endlich den Entschluss,
dass man heut´ auswärts essen muss.
„McDonald´s", schrei´n die Kinder
froh,
der Vater sieht dies ebenso.

Die Kinder streiten um das Spiel
in ihrem Kinder-Happy-Meal.
Die Mutter sieht sie fröhlich kleckern,
doch darf sie leider heut´ nicht me-
ckern.

Der Abend bietet noch mehr Sachen,
die einer Mutter Freude machen.
Heut´ gibt´s ein Disney-Video –
das macht doch jede Mutter froh.

Das Dschungelbuch - man ist entzückt,
die Mutter hat sich leis´ verdrückt,
und keiner merkt, dass sie verduftet
und heimlich in der Küche schuftet.

Die Kinder gehen spät zu Bett –
der Muttertag war richtig nett.
Die Mütter sind total erschlagen-
einmal im Jahr muss man´s ertragen.

Kirmes

Die Kirmes naht, ich bin erfreut,
und das noch jedes Jahr erneut.
Wenn ich so über´n Jahrmarkt gehe
und viele nette Leute sehe,

an jeder Ecke was zu essen,
sind alle Sorgen schnell vergessen.
Hier duftet es nach Zuckerwatte,
die ich zuletzt als Teenie hatte,

dann wieder riecht´s nach Reibekuchen,
die muss ich unbedingt versuchen.
Da vorne gibt es Kokosnuss,
ein absolutes Kirmes-Muss.

Die Bratwurst möchte auch noch rein,
bald werd´ ich überfressen sein.
Doch Pilze hatte ich noch keine,
auch noch nicht Poffertjes, so kleine.

Dann wartet da der Blumenkohl,
den ich mir gerne auch noch hol´.
Auch Pellkartoffel, schön mit Schmand,
die nehm´ ich mir noch auf die Hand.

Danach das Brötchen mit dem Schin-
ken,
dazu ein lecker Bierchen trinken.
Den HotDog hab´ ich übersehen,
der wird wohl auch noch runtergehen.

Kartöffelchen mit Knobi-Sauce,
das kleckert immer auf die Hose.
Gebrannte Mandeln müssen sein,
ist die Portion auch noch so klein.

Und Softeis mit der Schokolade,
das schleck´ ich ohne jede Gnade.
Bald habe ich mich durchgefressen
und sicher noch ganz viel vergessen.

Ich rolle dann um Mitternacht
mit meiner Wampe, möglichst sacht,
nach Hause in mein warmes Bett
und denke: "Das war wieder nett."

Die Küche kalt, der Magen voll,
so ist die Kirmes richtig toll.
Nur eines mache ich wohl nicht:
in Fahrgeschäfte, bis man bricht.

Das kann man nur mit leerem Magen
und dann auch nur begrenzt ertragen.
Ich wünsche Spaß und viel Vergnügen
und nichts zu schwer im Magen liegen.

Vatertag

Der Vatertag, er rückt heran,
es rüstet sich ein jeder Mann
mit Bollerwagen, Schnaps und Bier
zur Wanderung durch das Revier.

Da sieht man dann die Männer laufen,
sich fröhlich kollektiv besaufen.
Am Freitag ist der Blick getrübt,
dann wird Enthaltsamkeit geübt.

Der Brückentag, er kommt gelegen,
um seinen Kater auszupflegen.
Die Frauen sind es längst gewöhnt,
dass ihre Männer zugedröhnt.

Das macht nichts, denn sie feiern auch-
mit Wellness, Beauty, Sekt im Bauch.
Nur uns´re armen lieben Blagen,
die müssen diesen Quatsch ertragen.

Halt, stopp, ne, ne, dann sagt man
"Komm´ma´,
du bist am Babysitten, Omma".

Wetterwechsel 1

Die Sonne scheint, häng´ Wäsche raus
und gehe zum Spaziergang aus.
Doch leider fängt es an zu gießen.
Ich kann nicht heim die Fenster schlie-
ßen,

denn ich bin noch ganz tief im Wald
und hoffe, es wird trocken bald.
Ich komme dann verdreckt nach Haus -
und wie sieht meine Wäsche aus?

Schon wieder nass! Wie vor zwei Stun-
den
hab´ ich die Wäsche vorgefunden.
Auch Pfützen auf der Fensterbank,
jedoch von innen, vielen Dank!

Ich würde lieber etwas chillen
und mir dazu ein Würstchen grillen,
doch muss statt dessen erstmal putzen
und auch die Waschmaschine nutzen.

Ich bin jetzt erstmal ziemlich sauer -
vermaledeiter Regenschauer.
Bald bin jetzt fertig mit dem Wischen,
dann werde ich ein Bierchen zischen.

Und meine Wäsche hängt im Keller.
Sie trocknet dort wahrscheinlich
schneller.

Wetterwechsel 2

Sitze schön auf der Terrasse,
weil ich nun die Raumluft hasse.
Hab´ es da total gemütlich,
tue mich am Biere gütlich.

Platsch, da fällt ein Regentropfen
und verwässert meinen Hopfen.
Sitze nun beleidigt drinnen,
lasse dort das Bierchen rinnen.

Sommer

Gewitter

Ich sitze heut´ im Haus und zitter´,
denn ich erwarte ein Gewitter.
Das macht mich immer ziemlich bange.
Zwar dauert dieses meist nicht lange,

doch denk´ ich stets, gleich schlägt er ein,
der Blitz, ich mach´ mich lieber klein,
vermeide Dusche, Wasser, Klo,
nach draußen gehen sowieso.

Und wenn es richtig blitzt und knallt,
dann spür´ ich, wie mein Kreislauf wallt.
Nun sitz´ ich hier schon ein paar Stunden,
Gewitter hat keins stattgefunden.

Es hat kein bisschen hier gekracht,
und ich hab´ Sorgen mir gemacht.
Der Wetterdienst hat heut´ gelogen.
Das finde ich sehr ungezogen.

Woanders hat es arg gescheppert,
nur ich sitz hier, total bedeppert
und öffne meine Fenster weit,
denn schließlich ist ja Sommerzeit.

Schattenparker

Mein Auto parkt bei 30 Grad
ganz gerne unter Buchen,
doch Vogeldreck ist nicht apart -
der lässt mich lauthals fluchen.

Der Wagen kühl, die Scheiben matt,
da muss ich mich entscheiden -
ein Parkplatz, der schön Schatten hat
oder im Sch(w)eiße leiden.

Muße

Sitze draußen, kein TV,
weil ich lieber Sterne schau.
Luft ist lau, es ist so schön,
auf zum Firmament zu seh´n.

Diese Zeit, das ist die meine,
eine tolle Zeit wie keine.
Brauche keine warmen Sachen,
sitze draußen, grillen, lachen,

einen Vino, eine Wurst -
keinen Hunger, keinen Durst.
Das ist Glück, mehr brauch´ ich nicht.
Leben, ach, wie lieb´ ich dich.

Zu viel Muße

Sonne pur, ich lass´ mich braten,
ganz privat in meinem Garten.
Drehe mich wie Hahn im Grill,
weil ich rundum Bräune will.

Lesen kann ich leider nicht,
denn es blendet mich das Licht.
Langeweile macht sich breit,
bin vielleicht noch nicht so weit,

mich ganz ohne was zu tun
einfach nur mal auszuruh´n.
Stehe also lieber auf,
mache einen Dauerlauf

oder bügle in der Sonne,
auch nicht grad´ die rechte Wonne.
Aber besser als bei Regen
sich im Hause zu bewegen.

Sommer(k)leid

Hosen bin ich jetzt so leid,
trage heut´ ein Sommerkleid.
Hat man so ein Kleidchen an,
sind die Pumps mit Absatz dran.

Flache Schuhe sind nicht schön,
kann man zwar bequem drin geh´n,
aber sind nicht sehr entzückend,
darum diese Pumps, die drückend.

Muss versuchen, schön zu gehen,
möglichst nicht zu lange stehen,
denn die Schühchen mit den Spitzen
eigenen sich fast nur zum Sitzen.

Einem bleibt so nichts erspart -
Frauen sind halt richtig hart.

Heiß

Der Sommer kommt, jetzt wird es heiß.
Die Sonne sticht, es rinnt der Schweiß,
und wieder hört man Leute klagen:
"es ist zu heiß in diesen Tagen".

Das Wetter ist ein armer Wicht -
was es auch macht, man mag es nicht.

Siebenschläfer

Am Siebenschläfer ist das Wetter
mal scheußlich oder etwas netter.
Man hofft zumindest, es wird gut,
weil sich dann lang´ nichts ändern tut.

Doch was es heute hat zu bieten
ist blöder als ein Haufen Nieten.
Das Wetter weiß nicht, was es will,
es ist schon fast wie im April.

Dazu zwar wärmer, aber drückend -
DAS sieben Wochen - na, entzückend.
Dann fliegen sicher wieder alle
zum großen Sommerfest nach Malle.
Prost.

Starkregen

Heute bin ich ganz betroffen.
Mancher Ort ist abgesoffen.
Überflutet sind die Keller,
denn der Regen war wohl schneller

als die beste Feuerwehr.
Pumpen helfen hier nicht mehr.
Alles, was im Keller steckt,
aufgeweicht, verschlammt, verdreckt.

Aus dem Gully quillt der Mist,
was auch ziemlich eklig ist.
Überall das braune Nass,
das macht wirklich keinen Spass.

Sonne, komm, und mach´ es trocken,
dass wir nicht mehr drinnen hocken
und die Nässe unter Dröhnen
langsam wieder trocken fönen.

Sommertage

Sonne scheint, es wird schon heiß,
aus den Poren läuft der Schweiß.
Haare sind vom Schweiße nass,
fönen macht so keinen Spass.

Kleider kleben, nichts bleibt trocken,
trag Sandalen ohne Socken.
Und ich liebe dieses Wetter,
denn die Leute sind viel netter.

Alle gehen aus dem Haus,
und auch endlich aus sich raus.
Abend bringt dann nach der Schwüle
häufig eine schöne Kühle.

Sitze draußen, schaue Sterne -
ja, ich hab´ den Sommer gerne.
Ist auch super für die Blagen,
die nicht ihre Eltern plagen,

sondern sich im Freibad ahlen -
brauchen auch nicht viel bezahlen.
Auch ein Bierchen, das erfrischt,
weil es jetzt so richtig zischt.

Sommer, das ist sonnenklar,
Sommer: du bist wunderbar.

Romantisch

Lag am Wochenend´ mit Wonne
wieder einmal in der Sonne.
Klar, die Hitze macht mich oppe,
Alkohol steigt gleich zu Koppe,

aber abends ist es toll -
Sterne schau´n - romantisch, woll?

Fußballsommer 2014

Gestern war beim Fußball gucken
sogar ich nervös am Zucken.
Spiele sind nur angenehm,
geht es nach KO- System,

denn dann ist der Teufel los,
jedes Tor ein Todesstoß.
Gestern war mir dieser Neuer
auch nicht immer ganz geheuer.

Rannte raus und rannte rein-
das kann auch gefährlich sein.
Und die Mannschaft von Algerien
macht jetzt erstmal lange Ferien.

Herbst

Ödes Wetter

Windig ist es und zu schwül,
was ist das für ein Gefühl?
Wetter kann sich nicht entscheiden,
und das kann ich gar nicht leiden.

Ziehe ich ein T-Shirt an,
fange ich zu frieren an.
Dicker Pullli lässt mich schwitzen
und danach mit Schnupfen sitzen.

Blätter segeln sacht zur Erde,
auf dass endlich Winter werde.
Unten auf dem feuchten Pflaster
hat man dann das Rutsch-Desaster.

Nä, ich find´ es richtig blöde,
dieses Wetter ist so öde.

Herbstgenuss

Hab´ mich heute eingemuckelt
und schon Weihnachtszeug geschnuckelt.
Werde jetzt gemütlich chillen
und den ersten Glühwein killen.

Sommer hat uns jetzt verlassen -
also Leute, hoch die Tassen.
In den Glühwein mit Genuss
tauch´ ich Spekulatius.

Printen schieb´ ich hinterher -
ach, mein Herz, was willst du mehr?

Halloween

Die Kinder zieh´n Kostüme an
und schwärmen aus zum Klingeln dann.
Ich habe viele Schnuckelsachen,
die allen Kindern Freude machen.

Doch leider schmecken sie mir auch -
ein Riegel ist in meinem Bauch,
der nächste wandert hinterher,
gleich habe ich für euch nichts mehr,

drum macht jetzt schnell und rettet mich,
Versuchung, die ist fürchterlich!

Winter

Kalt

Ganz Menden friert, und das ist bitter,
es herrschen Frost, Eis und Gezitter.
Die Heizung kostet zu viel Geld,
die war und bleibt nun abgestellt.

Da hilft es sehr, sich zu bewegen
und seinen Kreislauf anzuregen.
Der Harlem Shake ist auch zu Hause
noch besser als die heiße Brause.

Mit körperfett wird nun geheizt,
mit Öl und Erdgas wird gegeizt.
Das hält die Leute fit und schlank.
Man spart Ressourcen, Gott sei Dank.

Dem Faulen friert der Hintern ein -
ich find´, es könnt´ nicht besser sein.

Kratzen

Ich parkte eben in der Stadt,
weil ich was zu besorgen hatt´.
Ich kam zurück und war frustriert -
die Scheibe schon mit Eis verziert.

Von außen kratzen - kein Problem,
doch wenn ich innen Atem nehm´,
dann friert er an der Scheibe an,
so dass ich nichts mehr sehen kann.

So steh´ ich da, Gebläse pustet,
die Augen tränen, Brustkorb hustet,
bis dieses blöde Eis beschließt,
dass es jetzt lieber abwärts fließt.

So tropft es auf die Armatur,
nun schrubbe ich schon wieder nur.
Dann endlich wieder klare Sicht,
doch fahren geht schon wieder nicht.

Ich hatte nicht mehr dran gedacht,
dass man die Bremse locker macht.

Nikolaus´ Frust

Der Nikolaus kam schon vor TAGEN
zu mir,
da musste ich fragen:"Wieso bist du
hier?
Du weißt doch: für dich ist es viel zu
früh."
"Ja, ja", sprach er, "doch die Sache ist
die:

Ich werde gecoacht für mehr Effizienz,
denn die Zielerreichung zeigt schwache
Tendenz.
Nun werd´ ich gefördert und optimiert,
damit das in Zukunft nicht mehr pas-
siert."

Ich fragte: "Wieso, das ist nicht ver-
ständlich,
die Anzahl der Kinder ist doch nicht
unendlich,
und außerdem hab´ ich noch nie gese-
hen,
dass eines der Kinder blieb unbe-
schenkt stehen."

"Ja", sprach er, "das sind doch nur hundert Prozent,
das ist nicht mehr das, was man heute so kennt.
Die Ziele sind jedes Jahr höher gesteckt,
der Himmel hat jetzt wohl auch Blut geleckt.

Auf Erden sind hundert Prozent ein Versagen,
und werd´ ich nicht besser, bin ich nicht mehr zu tragen."
Vor Gram hat er kurz drauf sich umgebracht
und erstmalig gar keine Quote gebracht.

So gilt für den Himmel sowie auch auf Erden:
man sollte doch nicht allzu gierig werden.

Christkinds Frust 1

Das Christkind schleicht sich durch den
Wald,
das Kleid ist dünn und ihm ist kalt.
Die vielen Päckchen für die Blagen
muss Christkind ganz alleine tragen.

Kein Ruprecht oder Weihnachtsmann
packt ihm bei dieser Sache an,
und hat es in der heil'gen Nacht
die Päckchen endlich rumgebracht,

ist durch die halbe Welt getingelt
und hat das Glöckchen leis' geklingelt,
dann gibt es weder Lohn noch Essen,
das Christkind ist dann schnell vergessen.

Drum fängt es an zu überlegen,
den am'rikanischen Kollegen,
doch auch noch and're, nicht nur diesen
an Weihnachten dazuzuleasen.

Outsourcing wäre auch nicht schlecht,
dem Christkind ist fast alles recht,
denn draußen in zu dünnem Kleid,
das ist es mittlerweile leid.

Von wem das Fahrrad und die Puppe,
das ist den Kindern ziemlich schnuppe.
Drum kommt es jetzt noch mal allein,
es könnte bald schon anders sein.

Christkinds Frust 2

Christkind schaut entsetzt von oben,
wie die Menschen hektisch toben,
wie sie hetzen, laufen, rennen,
wollen kein Geschenk verpennen.

Saufen Glühwein, grölen Lieder,
und das alle Jahre wieder.
Niemand hat mehr Zeit zum Rasten,
denken, beten oder Fasten.

Alles ist Konsum, Kommerz,
Christkind spürt den ersten Schmerz.
Soll es da noch runterfliegen
und noch Depressionen kriegen?

Weihnachtsbaum

"Welcher Weihnachtsbaum soll´s wer-
den?"
"Na, der schönste hier auf Erden."
"Nordmanntanne?" "Nein, die nicht,
denn ein echter Baum, der sticht."

"Also Fichte? Nein, zu schnöde."
"Dann ´ne Tanne?" "Sei nicht blöde."
"Na, dann wird es aber schwer."
"Nein, ein Plastikbaum muss her.

Nadelt nicht, ist schlank und voll,
nicht zu schwer, das ist doch toll.
Wenn wir ihn gut aufbewahren,
steht er noch in ein paar Jahren."

Diese Ehe ist frisch geschieden -
Plastik hat er stets gemieden...

Weihnachtsvorbereitungen

Schokolade ist geraspelt,
Kuchen backt schon leis´ im Ofen,
Lichterkette ist verhaspelt,
und wir schmücken wie die Doofen.

Auch die Krippe kommt zum Zwecke
der besinnlich-ruhigen Zeit
aus der kalten Boden-Ecke,
nun ist alles fast bereit.

Beinahe hätt´ ich es vergessen:
morgen nochmal schnell was kaufen,
nur was Frisches noch zum Essen
und ein Fläschchen Sekt zum GENIES-
SEN.

Weihnachtsnachbereitungen

Weihnachten ist grad´ vorbei,
auch Geschenke-Kauferei,
geht die Hektik wieder los -
Umtausch steht jetzt an ganz groß.

Ist der Umtausch dann vollbracht,
wird der Kühlschrank voll gemacht,
der ja jetzt ganz leergefressen
von dem guten Weihnachtsessen.

Auch der Sekt ist wieder leer
und es muss schnell neuer her.
Feuerwerk und Böller kaufen
viele, die sich gern besaufen,

was in der Silvesternacht
Ambulanzen Sorgen macht.
Und so kann es manchmal gehen:
erstmal eine Hand annähen.

Aber ihr, weiß ich genau,
seid für sowas viel zu schlau.
Guten Rutsch und feiert schön
habt viel Spaß, auf Wiederseh´n.

Silvester und Neujahr

Jahreswechsel hat geklappt,
Kopfschmerz ist jetzt auch gekappt,
Hose kneift, die Knöpfe platzen,
tja, da muss man wen´ger schmatzen.

Alle Welt ist auf Diät,
was auch in Prospekten steht.
Lidl, Aldi bieten an
Sportgerät für jedermann.

Auch der Buchmarkt wirbt jetzt wieder:
kämpfen Sie die Pfunde nieder.
Ob nun Pulver oder Suppe
ist dem Körper völlig schnuppe.

Sport ist gut und wen´ger essen
und die Pfunde sind vergessen.
Allen, die jetzt eifrig nicken
wünsche ich: es soll euch glücken.

Dritter Januar

Habe heute Post bekommen
und sie gleich mit reingenommen.
Schaue ich mal näher hin,
ist da nur Reklame drin.

Typisch für die Jahreszeit:
macht euch für den Sport bereit.
Shirts und Hosen, Hanteln, Flaschen,
Yogamatten, Bänder, Taschen,

alles was man halt so braucht,
wenn man sich beim Sporte schlaucht.
Alle, die nach Feiertagen
eine dicke Wampe tragen,

schleppen sich wie jedes Jahr
Januar und Februar
in diverse Fitnesshallen,
um dem Sport anheim zu fallen.

Wenn man so im Schweiße schwitzt,
dann noch in der Sauna sitzt,
fühlt man sich wie neu geboren,
und, das wird dabei geschworen:

fortan soll es auch so bleiben,
regelmäßig Sport zu treiben.
Doch das Sofa und die Socken
und das Bier und Fußball locken.

Erst pausiert man hin und wieder,
dann legt man sich öfter nieder,
und der Schlendrian zieht ein,
bald lässt man das Training sein.

Bis Dezember, sollt ihr wissen,
plagt euch wieder das Gewissen.
An Silvester wird bestimmt,
dass dies nun ein Ende nimmt.

Wieder schleppt man sich zum Sport,
und so geht es weiter fort.
Die unendliche Geschichte
von dem höheren Gewichte,

von mal mehr Gemüse essen
über alles das vergessen,
hin zum Vorsatz, dem Versagen,
und vom Jammern und auch Klagen.

Langsam wird mir das zu viel,
darum habe ich das Ziel,
keinen Vorsatz mehr zu fassen,
künftig werde ich das lassen.

Und das Leben wird viel schöner
mit mal hin und wieder Döner,
manchmal Sport und manchmal nicht,
und was sagt schon das Gewicht?

Lieber geb´ ich mir die Chance
auf ein bisschen mehr Balance.

Aufräumen

Weihnachtskugeln sind verstaut,
Weihnachtsbaum ist abgebaut,
sitze hier mit meiner Sippe
und betrachte uns´re Krippe.

Sternensinger waren hier -
Segenswunsch klebt an der Tür.
Allen geht es heute prächtig,
außer mir - ich schimpfe mächtig.

Lichterketten sind verknäult,
habe heute schon geheult,
denn die blöde Lichterschnur
wird bloß immer dichter nur.

Keine Chance, sie zu entflechten -
was ist mit den Menschenrechten?
Dieses Dröseln ist Tortur,
meine Sippe kichert nur.

Schließlich wird es mir zu blöde,
dieses Fuckeln ist doch öde.
Stopfe alles wie es ist
in die große Weihnachtskist´.

Ist zwar dadurch nicht behoben,
aber ein Jahr aufgeschoben.

Eisig

Sitz´ am Fenster, schaue raus -
draußen sieht es super aus.
Sonne scheint heut´ richtig schön,
sollte ich spazieren geh´n?

Gehe fröhlich vor die Tür,
aber dann: wie kalt ist mir?
Bäh, der Wind ist kalt und fies,
das ist wirklich richtig mies.

Drehe mich beleidigt um,
laufe heut´ nicht draußen rum.
Nein, ich liege in der Sonne
hinter´m Fenster, welche Wonne.

Und die Kälte kann mich mal,
ist mir heute ganz egal.

Valentinstag

Heute will ich keine Rosen,
auch Pralinen nicht in Dosen,
kein Parfüm und keine Kleider,
denn am Valentinstag, leider,

macht das für mich keinen Sinn,
weil ich nichts Besond´res bin.
Alle Frauen kriegen was,
und das macht mir keinen Spaß.

Möchte lieber ein Geschenk,
wenn ich gar nicht daran denk´.
Dann erst weiß ich, dass mein Mann
mich auch wirklich leiden kann.

Karneval 1

Rosenmontag rückt heran,
doch was ziehe ich bloß an?
Das Kostüm von dem Apachen
kann man in die Tonne klatschen.

Auch den Cowboy mit Pistole,
den ich aus dem Schrank nun hole.
Clown ist bunt, doch auch schon öde,
dickes Baby ist so schnöde.

Ballerina geht nicht mehr,
dafür bin ich jetzt zu schwer.
Auch der Hula-Rock mit Reifen
ist schon um den Po am Kneifen.

Haremsdame - welcher Schrecken -
kann den Bauch ja nicht verstecken.
Charleston-Kleid mit Zigarette
passt nicht mehr, worauf ich wette.

Und die Pumps, die dazu passen,
lernte ich vor Jahren hassen.
Im Kostüm vom Grizzlybär
schwitze ich zur Zeit zu sehr.

Minnie Mouse in Wechseljahren -
nein, das möcht´ ich mir ersparen.
Auch Prinzessin oder Fee
geht nicht mehr, ich sage: "nee".

Hexe ist mir viel zu hässlich,
so zu gehen wäre grässlich.
Schön sein will ich auch noch heute,
doch ich find´ nichts, liebe Leute.

Schön soll´s sein, originell,
bunt, doch nicht mehr allzu grell.
Kommt mein lieber Mann vorbei,
sagt: „Dann geh´ als Papagei:

Bunter Umhang, Schnabelkappe",
und ich schreie: "Halt die Klappe!"
Heulend renn´ ich zur Toilette,
weil ich gern was Schönes hätte.

Plötzlich muss ich wieder lachen,
denn ich habe ja noch Sachen.
Renne munter immer schneller
gleich hinunter in den Keller.

Da - der Umhang, schwarz und rot,
weiße Schminke wie der Tod,
roter Lippenstift und Blut -
der Vampir, er steht mir gut.

Und ich habe für den Speck
unter´m Umhang ein Versteck.
Rote Lippen, spitze Zähne,
mit Perücke eine Mähne,

ja, so kann ich gerne gehen
und ich hoff´ man wird sich sehen.

Karneval 2

Es wird schon wieder Karneval,
die Jecken sind verrückt -
geschunkelt wird bald überall,
die Biere sind gezückt.

Die Wagen stehen schon am Start,
die Bömmskes sind gebunkert.
Mit denen wird dann nicht gespart,
und das ist nicht geflunkert.

Am Tulpensonntag ist es dann,
so hoff´ ich, schön und trocken,
damit ein jeder sagen kann:
Bei uns, da kann man rocken.

Helau

Die Vögel

Wenn hier der Winter kalt und eisig,
dann hungern Meise, Amsel, Zeisig.
Kein Wurm lässt sich im Winter bli-
cken,
nicht eine Beere da zum Picken.

Wie gut, dass es den Menschen gibt,
der Vögel über alles liebt.
Er streut im Winter allzu gerne
die leck´ren Sonnenblumenkerne,

hängt Meisenknödel an die Äste
und freut sich über seine Gäste.
Die Vögel nehmen´s gerne an –
in Scharen flattern sie heran,

und eh´ man einmal hingeschaut,
sind alle Körner schon verdaut,
die Federviecher wieder weg
und alles voller Vogeldreck.

Im Frühjahr sprießt es dann im Garten
aus Körnern unbekannter Arten.
Der Zaun, das Gartenhaus, die Hacke
sind alle voller Vogelkacke.

Der Tierfreund mit dem großen Herzen
muss wirklich allerhand verschmerzen.

Männer, Frauen und Kinder

Damenwunsch

Die meisten Frauen würden´s schätzen,
mit ihren Männern mehr zu schwätzen.
Doch ist ein Mann schon von Natur
viel öfter schweigsam oder stur.

Scheint er im Sitzen faul zu dösen,
heißt das für ihn: Probleme lösen.
Für Frauen ist das schwer verständlich.
Sie würden sagen: „Rede endlich!"

Er aber denkt: „Das könnt´ ich hassen.
Sie soll mich bloß in Ruhe lassen."
Auch sehen Frauen Schwierigkeiten,
die Männern kein Problem bereiten.

Wie beispielsweise das Gewicht:
Die meisten Männer stört es nicht,
wenn ihre Frau ein wenig füllig –
Hauptsache, sie ist weich und willig.

Auch Kleider, Schuhe und Frisur
sind meistens Nebensache nur.
Für Männer eine Nichtigkeit,
für Frauen doch von Wichtigkeit.

Und was die Frau für Quatsch erachtet,
wird von dem Mann als toll betrachtet.
Von Fußball kriegt der Mann den Kick,
Prosecco ist für Frauen chic.

Doch manchmal findet man auch
Frauen,
die gerne mal mit Fußball schauen.
Und sicher gibt es manchen Mann,
der auch Prosecco schätzen kann.

Hat man gemeinsame Allüren,
dann kann man auch Gespräche führen.

Werdende Väter damals

Zwei Menschen, die sich wohlgesinnt,
sind meist bemüht auch um ein Kind.
Man malt sich aus, wie schön es sei
mit Baby, Windeln und Geschrei

und plant darum auch schon recht bald
den finanziellen Rückenhalt.
Zunächst die Wohnung, dann TV,
dann Auto, Urlaub und Radau,

und ganz zuletzt, wenn alles stimmt,
man gleich das Kind in Angriff nimmt.
Bei manchen klappt es schon recht
bald,
bei andern dauert's länger halt,

doch steht dann fest: die Frau ist
schwanger,
so wird der Mann nervöser, banger,
und nimmt der Leibesumfang zu,
ist es vorbei mit seiner Ruh´.

Stets gibt er acht, dass sie nichts hebt,
und dass sie ohne Sorgen lebt,
ist im Büro nervös, zerstreut
und ängstlich, selbst wenn er sich freut.

Die Frau hingegen bleibt gelassen
und kann die Unrast gar nicht fassen.
Sie isst in Mengen Schokolade,
garniert mit saurer Marinade

und Sachen, die sie sonst verschmäht,
derweil sie in die Breite geht.
Der Teint wird rosig, rund der Bauch,
dem Kind geht's gut, der Mutter auch.

Der arme Vater unterdes
steht zweifelsohne unter Stress.
Das Phänomen der Schwangerschaft
erscheint ihm äußerst rätselhaft.

Die Frau ist wie ein rohes Ei,
und er hat Angst, es geht entzwei.
Rückt der Geburtstermin heran
und fangen gar die Wehen an,

so wird der Mann in Kürze nur
zu einer kläglichen Figur.
Er ist des Wartens überdrüssig,
fühlt sich zudem recht überflüssig.

Kaum ist die Frau im Krankenhaus,
nimmt er zu einem Bier reißaus.
Doch, ach, es quält ihn das Gewissen,
er kehrt zurück zu den Kulissen,

hinter denen vor sich geht,
was ein Mann nur schwer versteht.
Angstschweiß tritt aus seinen Poren-
wär' das Kind nur schon geboren!

Hin und her in stummer Qual
wandert er im Wartesaal.
Er betet, dass sein erstes Kind
und seine Frau bei Kräften sind,

und dass gar ohne Kaiserschnitt
das neue Kind ins Leben tritt.
Er braucht nun eine Zigarette –
ach, wenn er doch nur eine hätte!

Er hat sich nun schon seit zwei Stunden
in diesem Raum vor Angst gewunden.
"Das kann doch nicht so lange dauern."
denkt er mit ängstlichem Erschauern.

Schon tritt er auf den Gang hinaus
und fragt besorgt die Schwester aus.
"Zwei Stunden dauert schon die Qual –
das ist doch sicher nicht normal!

Am Ende ist das Kind entstellt,
was man mir peinlichst vorenthält,
oder die beiden sind schon tot!
Ach, helfen Sie mir aus der Not!"

Die Schwester schüttelt sich vor La-
chen:
"Da kann man leider gar nichts ma-
chen.
Die Geburt braucht ihre Zeit,
sechs Stunden noch, mit Sicherheit.

Am besten fahren Sie nach Haus
und schlafen erst in Ruhe aus."
Kaum hat sie ihren Satz beendet,
hat sie sich auch schon abgewendet.

"Wie kann sie nur so herzlos sein,
lässt mich in meiner Angst allein!"
Betrübt fährt er -was soll er hier?-
nach Haus zu einem kühlen Bier

Er nimmt den ersten Schluck und
schon
schellt wie verrückt das Telefon.
Wie besessen rennt er hin
„Ob ich wohl schon Vater bin?"

Drückt die Muschel ans Gehör,
falsch verbunden ist da wer.
Ist die Machart auch ergötzlich –
die Geburt ist schier entsetzlich!

Nein, er hält es nicht mehr aus,
dieses Warten ist ein Graus.
Noch ein Schnaps und noch ein Bier,
so trinkt er denn bis morgens vier.

Und wieder schellt das Telefon:
„Sie haben einen strammen Sohn!"
Der frischgebackene Papa
nimmt dies nur noch am Rande wahr.

Er lallt betrunken: "Klasse, menn,
nun sagen sie: wie heißt er denn?"

Werdende Väter heute

Die Schwangerschaft wird festgestellt.
Schon ändert sich die ganze Welt.
Nicht mehr die Mütter nur allein,
nein, auch die Väter fallen ein

ins hektische Sich Vorbereiten –
das tut man besser schon beizeiten.
Es treten alle Ärzte an,
die man mit Kind gebrauchen kann.

Man lernt gemeinsam Babys pflegen,
das Baden, Füttern, Windeln legen.
Die Vortragsreihe bricht nicht ab
und hält die Eltern arg auf Trab.

Beim Atmen, Hecheln oder Pressen
wird auch der Vater nicht vergessen,
denn schließlich ist er nah dabei
an der Geburt und dem Geschrei.

Er muss so wie die Mutter leiden
und darf die Nabelschnur zerschneiden.
Tja, wer den Spaß genießen kann,
der muss halt auch im Ernstfall ran.

Der Sündenfall

Seit Ewigkeiten saß der Herr
im All und langweilte sich sehr.
Da fing er an, mit Dreck zu kneten
und formte unseren Planeten.

Er schuf das Wasser und das Land,
auch Tag und Nacht er noch erfand
sowie die Tiere und die Pflanzen,
und freute sich an diesem Ganzen.

Doch die Natur war zu perfekt
und so harmonisch ausgeheckt,
da gab´s für ihn nichts mehr zu tun,
als wieder einmal auszuruh´n.

Nach kurzer Zeit wurd´s ihm zu dumm,
er knetete erneut herum,
und sah, dass dieses Exemplar
ihm ungeheuer ähnlich war.

Er hielt das Männchen in den Händen,
um es mal hin- mal her zu wenden,
und sprach: „Das Exemplar gefällt" –
es war der erste „Ken" der Welt.

„Mensch" nannte Gott die neue Art,
gab Sprache ihm, Verstand und Bart,
als Biotop das Paradies
für diesen Mensch, der Adam hieß.

Für Adam war das Leben bunt,
er war gesättigt und gesund,
er brauchte Kleider nicht und Schuhe
und hatte immer seine Ruhe.

Doch Adam kam nach ein paar Wo-
chen
genervt zum lieben Gott gekrochen
und sprach: „Oh Herr, hier lässt sich´s
leben,
jedoch ich bin so einsam eben.

Ein jedes Tierchen lebt als Paar,
nur ich bin ganz alleine da.
Ach, könntest du dich überwinden
für mich ein Weibchen zu erfinden?"

Der Herr dies nicht verübelte,
er setzte sich und grübelte,
versetzte Adam in Narkose
und machte eine Rippe lose.

Er modellierte eine Frau,
sensibel, wohlgebaut und schlau,
und schickte sie ins Paradies,
wo Adam sie willkommen hieß.

Gott sprach: „Du sollst die Eva sein,
ich lass´ euch nun vorerst allein.
Der Garten Eden, er sei euer,
nur ein Gebot erlass´ ich heuer:

Es steht in eurem Lebensraum
ein ganz bestimmter Apfelbaum,
von diesem dürft ihr niemals naschen,
und sollt´ ich euch dabei erhaschen,

dann wehe euch, denn dann ist Schluss
mit immerwährendem Genuss.
Und nun viel Spaß, vertragt euch gut,
seid vor den Äpfeln auf der Hut."

Nachdem der Herr so streng gepredigt,
war er vorerst total erledigt,
zog sich zurück von dieser Erde,
auf dass er wieder munter werde.

Das Menschenpaar hat unterdessen
sich an den Früchten satt gegessen.
Es gab Bananen, Kirschen, Pflaume,
doch nichts vom schönen Apfelbaume.

Geführt vom weiblichen Gefühl,
war dieser oftmals Evas Ziel.
Sie schlich um diesen Baum herum
und überlegte sich, warum

der Herr wohl diesen Baum verboten –
sie trachtete, dies auszuloten.
Da sah sie plötzlich aus den Zweigen
sich eine große Schlange neigen.

„Na, Eva", zischelte sie süß,
„gefällt es dir im Paradies?"
„Oh ja, hier ist es wunderbar,
die Sonne scheint das ganze Jahr,

zu essen gibt´s in Hüll´ und Fülle,
die Vögel zwitschern in der Stille...",
„Ja", unterbrach sie das Reptil,
„genügt denn das als Lebensziel?

Willst du für immer akzeptieren
von diesem Baum nichts zu probie-
ren?"
Da wurd´ es Eva flau vor Schrecken –
„Das würd´ der liebe Gott entdecken.

Ich tu das nicht, ich bin so bange,
scher dich davon, du böse Schlange!"
Die Schlange kicherte entzückt:
Die Saat des Zweifels war geglückt.

Fast täglich kehrte Eva wieder,
ließ sich am Apfelbaume nieder
und überlegte immerzu:
„Warum ist dieser Baum tabu?"

Die Schlange kam nach ein paar Wo-
chen
erneut aus dem Geäst gekrochen,
ließ Eva diesmal keine Ruh
und sagte ihr die Lösung zu.
„Hör zu", sprach sie, „Gott ist gemein,
er lässt euch dumm und mickrig sein.
Er ist der Boss, ihr müsst parieren –
das braucht ihr nicht zu akzeptieren.

Iss einfach einen Apfel, schau,
dann seid auch ihr wie Gott so schlau."
Auf diese Weise aufgehetzt,
ist sie zu ihrem Mann gewetzt,

und mit den Waffen eines Weibes
wurd´ sie zur Herrin seines Leibes.
So weichgekocht und selbstvergessen
hat er vom Apfelbaum gegessen.

Auch sie nahm einen großen Bissen,
erwartete enormes Wissen,
Erkenntnis über diese Welt,
doch hat sich die nicht eingestellt.

Sie fühlten nichts als Schuld und Reue
ob des Verrats an Gottes Treue.
Sie schämten sich bis auf die Knochen
und sind in ein Versteck gekrochen.

Derweilen war der liebe Gott
schon wieder ausgeruht und flott
und wanderte mit raschem Schritte
zum Apfelbaum in Edens Mitte.

Ein kurzer Blick, schon war ihm klar,
was kurz zuvor geschehen war.
Er hätte vorher nie geglaubt,
dass man ihm einen Apfel raubt.

Er war erbost und zornerfüllt,
und seine Stimme grollte wild:
„Ich habe eure Tat entdeckt –
es nützt nichts, dass ihr euch versteckt!

Kommt raus und steht zu eurer
Schande,
schaut mir ins Auge, Menschenbande!"
Es raschelte im Unterholz,
heraus kam mit geknicktem Stolz

verhüllt mit einem Feigenblatte
der Mann, den Gott erschaffen hatte.
Er schleifte Eva hinterher,
auch diese schämte sich gar sehr,

bedeckte ihre Weibsgestalt
mit einem ganzen Blätterwald.
„Nun", sprach der Herr, „die Missetat
für euch fatale Folgen hat.

Ihr lebt von nun an auf der Erde,
wo ich euch nicht verwöhnen werde.
Es ist dort steinig, dornig, kahl,
Gefahren gibt´s in großer Zahl,

und jeder Trank und jede Speise
verlangen harte Arbeitsweise.
In eurem Schweiße sollt ihr schuften,
nicht länger mehr nach Rosen duften.

Trotz allem sollt ihr euch vermehren
und immer meinen Namen ehren.
Weil Eva Adam hat verführt,
kriegt sie das Los, das ihr gebührt:

Zur Strafe will ich das Gebären
für alle Ewigkeit erschweren.
Damit ihr euch davor nicht drückt,
seid ihr mit einem Trieb bestückt,

dem könnt ihr gar nicht widerstehen,
das werdet ihr demnächst schon sehen.
Ich werd´ euch ständig überwachen,
macht also keine krummen Sachen.“

Wie´s weiterging, kann jeder sagen,
man braucht die Bibel nur zu fragen.
Und manchmal kommt mir in den Sinn,
dass ich, weiß Gott, nicht besser bin.

Die Leiden eines Neugeborenen

Als ich das Licht der Welt erblickte,
so die Familie entzückte,
da war ich schon nach kurzer Zeit
genervt und suizidbereit,
denn die Begrüßung war recht grob,
als man mich aus dem Kreißsaal schob.
Noch ehe ich einmal Luft geholt,
bekam ich das Gesäß versohlt,

man packte mich an meinen Beinen
und ließ mich so kopfüber weinen.
Ich wurd´ gemessen und gewogen,
gebadet und dann angezogen,

und weil ich schon vor Hunger brüllte,
kam meine Mutter, die mich stillte.
Sie zog mich an die Mutterbrust –
und gleich begann der nächste Frust:

Die Milch war noch nicht eingeschos-
sen,
und trocken saugen macht verdrossen.
So schlief ich vor Erschöpfung ein,
und es begann die nächste Pein:

Man schob mich in das Säuglingszim-
mer,
wo kakophonisches Gewimmer
mich unsanft wieder aufgeweckt
und laute Stimmen mich erschreckt.

So tat ich meinen Unmut kund -
schwupps, kam der Schnuller in den
Mund.
Da lag ich, hilflos und geknebelt,
von Tränen war mein Blick vernebelt,

die Nase zu, die Hose voll –
der erste Tag begann ja toll.
Doch irgendwann kam die Erlösung
in Form von Mutterbrust und Äsung.

Es floss die Milch, ich wurde satt –
gut, dass man eine Mutter hat.
Doch darf ein Baby nach dem Essen
das laute Rülpsen nicht vergessen.

Ein sanftes Klopfen auf den Rücken –
das half, die Luft herauszudrücken.
Wer zügig rülpst, ist gut beraten,
dann folgen Windel und Penaten,

ein Schnuller und ein frischer Dress
und endlich Pause von dem Stress.
Der Rhythmus dieser Schinderei
betrug vier Stunden oder drei,

ich brüllte, trank und rülpste dann,
bekam die frische Windel an,
ich kam ins Bett, schlief eine Stunde,
und es begann die nächste Runde.

Bald war mir klar: das Überleben
ist ein ermüdendes Bestreben.
So hoffte ich in meiner Wiege,
dass Bess´res in der Zukunft liege.

Hallelujah

Es fragte sich die keusche Nonne:
„Entgeht mir etwa manche Wonne,
die jemand mit dem Zölibat
legal nicht zur Verfügung hat?"

Sie grübelte in ihrem Bette,
ob sie sich falsch entschieden hätte.
„Will ich die Antwort wirklich wissen,
so werd´ ich jemand fragen müssen."

Am nächsten Tag im Morgengrauen
begann sie gleich, sich umzuschauen.
„Den Pfarrer kann ich wohl nicht fra-
gen –
der hat dasselbe Los zu tragen.

Ich frag´ den Küster, ja genau,
der hat doch sicher eine Frau."
Flugs sprach sie diesen netten Mann
noch vor der Morgenmesse an.

Der war erstaunt und grinste lüstern –
das war wohl nichts mit diesen Küs-
tern.

Ein Ministrant kam um die Ecke,
der war zu jung für ihre Zwecke.

Herein kam eine alte Frau,
die wusste sicher ganz genau,
was man im Leben so versäumte,
wenn man vom Klosterleben träumte.

Die hatte aber unterdessen
das alles lange schon vergessen.
Da – eine Frau mit Kinderwagen,
die konnte sie bestimmt befragen.

Doch war die Mutter müd´ und
schlapp,
sie wimmelte die Nonne ab:
„Sie kommen in der Nacht zur Ruh´,
doch Mütter tun kein Auge zu.

Ich brauch´ zur Zeit kein Schäferstünd-
chen,
ich schlafe lieber mal ein Ründchen."
Die Nonne hatte den Verdacht,
dass Sex nicht immer glücklich macht.

Noch hatte sie beileibe nicht
gefragt in jeder Altersschicht.
Da war ein Mann in besten Jahren,
vielleicht konnt´ sie´s von dem erfah-
ren.

Der gute Mann war arg verdrossen.
„Ich hab´ schon lang´ nichts mehr ge-
nossen,
denn meine Gattin, die Marlene,
verzieht sich gerne mit Migräne.“

Das war zu hoch für eine Nonne –
kein Wort von Leidenschaft und
Wonne.
Nun sah sie in der letzten Bank
ein junges Pärchen, Gott sei Dank.

Sie fragte schüchtern, wie´s denn sei
mit Leidenschaft und Liebelei.
Das Mädchen brach in Tränen aus:
„Die Periode, sie bleibt aus.

Ich weiß nicht, was ich machen soll,
ich habe echt die Nase voll.“

Da war die Nonne ganz perplex –
<u>so</u> war das also mit dem Sex.

Von wegen toll und viel besungen,
so hatte das nun nicht geklungen,
und weil die Messe grad´ begann,
stimmt´ sie ein HALLELUJAH an.

Kinder kriegen

Die Menschheit hat sich stets vermehrt,
ganz unbewusst und unbeschwert.
Man wusste lediglich, wie´s geht,
und dass aus Spaß ein Kind entsteht.

Die Frau trug´s freudig unterm Herzen,
gebar es schließlich unter Schmerzen,
um es darauf an ihren Brüsten
mit Milch für´s Leben auszurüsten.

So hat das immer funktioniert,
die Menschheit ständig expandiert,

und bis zum zwanzigsten Jahrhundert
hat dieses niemanden verwundert.

Ganz ohne jedes Hinterfragen
wurd´ jedes Baby ausgetragen,
es sei denn, man begab sich hin
zu einer Engelmacherin.

Das war, das weiß man heute, ehrlich,
zu jener Zeit extrem gefährlich.
Auch durfte niemand etwas wissen,
sonst war man wirklich aufgeschmis-
sen.

Dann aber kam die große Wende,
das stete Zeugen nahm ein Ende,
denn mit dem Siegeszug der Pille
war ausschlaggebend nun der Wille.

Den Stellenwert von Kinderglück
verdeutlichte der Pillenknick.
So ging es weiter ein paar Jahre,
die Kinder wurden Mangelware,

eins oder zwei nur an der Zahl,
ab drei galt man als asozial.

Die Einzelkinder wurden groß,
nicht ganz so froh mit ihrem Los,

und wollten dieses öde Leben
in keinem Falle weitergeben.
Geschwister waren wieder in,
der Trend ging gar zum Drittkind hin.

Doch die Natur hat sich gerächt
und uns´re Zeugungskraft geschwächt.
So dass, wenn Kinderwunsch besteht,
dies oft nicht mehr natürlich geht.

So greift man heute zu Hormonen,
das kann sich oft gewaltig lohnen.
Mit einer einzigen Entbindung
vier Kinder – **das** ist ´ne Erfindung.

Was wohl die Mehrlingskinder denken,
wenn sie in Zukunft Leben schenken?
Ob sich der Trend dann wieder dreht,
zum Einzelkind man übergeht?

Und diese Kinder wiederum
verhalten sich dann anders´rum.

144

Genug, sonst werd´ ich noch frivol.
Zum Schluss nur eines noch:
Zum Wohl!

Oldtimer-Fan (Männerhobby)

Gar manchen hat die Leidenschaft
mit Leib und Seel´ hinweggerafft.
Den einen zieht es zu den Frauen,
den zweiten reizt das Häusle-Bauen,

ein dritter malt verträumte Bilder,
ein vierter sammelt Straßenschilder,
der fünfte liebt das Tanzen,
der sechste bastelt Wanzen.

Auch soll es Leute geben,
die lieben schlicht das Leben.
Doch gibt es sicher allerorts
Fanatiker des Motorsports.
Dies ist kein exklusives Hobby
für eine Minderheiten-Lobby,

jedoch die Art der Autoliebe
unterteilt man in drei Triebe:

der erste Zweig liebt Schnelligkeit,
die Fans sind risikobereit.
Der nächste Zweig umfasst die Leute
der Luxus-geilen Yuppie-Meute.
Last but not least die dritte Sorte
wünscht sich, dass man die Oldies
horte.
Von einem Menschen dieser Schicht
handelt schließlich mein Gedicht.

In London sah er schon vor Jahren
die weltbekannten Taxis fahren,
und fand durch Zufall auf dem Schrott
solch einen ausrangierten „Pott".

Er kaufte ihn für wenig Geld
und hat zunächst ihn abgestellt,
bis dass die Leidenschaft sich regte
und er beherzt das Teil zerlegte.

Ohne Kenntnis von den Dingen
wollte er es soweit bringen,

dass, genehmigt durch den TÜV,
der alte Wagen wieder lief.

Wochenlang sah man ihn schwitzen,
schrauben, schleifen, schweißen, sprit-
zen,
sah ihn stets nach Schrauben suchen,
sah ihn lachen, sah ihn fluchen,

mal mit Freund und mal allein,
Motor raus und wieder rein,
stets gab es nach kurzer Zeit
irgendeine Schwierigkeit.

Oh, er wünschte, dass er wüsste,
wie man´s richtig machen müsste.
Wieviel Zeit man doch verliert,
wenn man alles ausprobiert!

Doch es half kein langes Zagen –
zu sehr liebte er den Wagen.
Kein Opfer war ihm je zu groß –
der Eifer ließ ihn nicht mehr los,

bis schließlich zu dem Augenblick
der ersten Fahrt – ein kurzes Stück.

Es knatterte und pfiff und brummte,
bevor der Motor ganz verstummte.

Er suchte nun, es gab kein Halten,
den Fehler restlos auszuschalten,
zu untersuchen alle Stellen
auf mögliche Gefahrenquellen.

Sobald ein Teilchen war perfekt,
war auch das nächste schon defekt.
Nach einer viel zu langen Zeit
war er zur zweiten Fahrt bereit.

Der Wagen röhrte wie ein Traktor,
doch war dies kein Gefahrenfaktor.
Auch quietschten noch die Türen –
die ließen sich ja schmieren.

Das Taxi fuhr nun manche Meile
und blieb, Gottlob, vorerst noch heile.
So schrieb er an den TÜV alsdann
und meldete sein Taxi an.

Die Prüfer waren ganz begeistert,
doch war noch vieles nicht gemeistert.

Nachdem das Taxi durchgecheckt,
war mancher Mangel aufgedeckt,

worauf man ihn nach Hause schickte,
damit er dort das Chassis flickte.
Der Würfel war noch nicht gefallen,
so ließ er auch den Sekt nicht knallen.

Statt dessen lag er unterm Wagen,
um sich erneut herumzuplagen.
Nach Wochen voller Schwerstarbeit
war endlich es erneut soweit:

Er gab dem Wagen letzten Schliff
und fuhr zum zweiten Mal zum TÜV.
Obwohl er´s nicht erwartet hätte,
bekam er Schilder und Plakette,

fuhr freudestrahlend gleich nach Hause
und startete die große Sause.
Auch heute noch fällt dann und wann
viel Arbeit an dem Taxi an.

Der Motor ließ ihn jäh im Stich,
das war entschieden ärgerlich.

An allem nagt der Zahn der Zeit,
und kein Ersatzteil weit und breit,

doch ist er Gott sei Dank nicht dumm,
er kaufte noch ein Taxi drum
und hat, da dieser Markt sehr mager,
sein eigenes Ersatzteillager.

Der Schluss der Story bleibt noch of-
fen,
doch wollen wir das Beste hoffen,
dass all die Arbeit und die Spesen
letztendlich nicht umsonst gewesen.

Sitzschühchen

Hosen bin ich jetzt sehr leid,
trage heut´ vielleicht mal Kleid.
Hat man so ein Kleidchen an,
zieht man Pumps mit Absatz an.

Flache Schuhe sind nicht schön –
kann man zwar bequem drin geh´n,
aber sind nicht sehr entzückend,
trage deshalb Pumps, die drückend,

muss versuchen, „schön" zu gehen,
möglichst nicht zu lange stehen,
denn die Schühchen mit den Spitzen
eignen sich fast nur zum Sitzen.

Schmerzen bleiben nicht erspart,
Frauen sind halt wirklich hart.

Francois und das Kamel

Francois Hollande in Afrika –
als dieser dort in Mali war,
da schenkte man ihm mit Plaisier
ein mittelgroßes Trampeltier.

Das Tier sollt´ mit nach Frankreich
fliegen,
er sollte es zum Abschied kriegen.
So lang´ Hollande in Mali weilte,
und weil es mit dem Tier nicht eilte,

wurd´ es bei Freunden einquartiert.
Die hatten dieses nicht kapiert
und dachten, das Kamel sei Essen,
um´s daraufhin gleich aufzufressen.

Ein neues Wüstenschiff musst´ her,
Hollande, der freut sich sicher sehr,
wenn er demnächst nicht länger schrei-
tet,
stattdessen hoch im Passgang reitet.

Prinzessin

Ich wollte stets Prinzessin sein,
mit rosa Kleid und Krönchen fein,
ein Prinz, der sollte um mich werben
und mit mir erst im Alter sterben.

Da war ich jung noch, etwa vier
und träumte von dem Kavalier,
der mich auf seinem schönen Schim-
mel
ins Schloss entführte – in den Himmel.

Das träumte ich so manches Jahr,
bis ich dann doch erwachsen war.
Kein Prinz ist je zu mir gekommen
und hat mich mit ins Schloss genom-
men.

Es kam dafür ein Märchentyp,
der gern für immer bei mir blieb.
Mit Treue, Liebe, fest und stet –
das macht den Prinzen obsolet.

Danke

an alle, die mich unterstützt haben:

Dirk, der mich seit vielen Jahren auf Händen trägt, was weiß Gott nicht mehr so leicht ist...

Martin, der mit Kritik, sowohl positiv als auch negativ nicht hinterm Berg hält und mich so anspornt, besser zu werden.

Uta Baumeister und Martina Grünebaum,
meine Mitstreiterinnen im TrioLit
für viele schöne Lesungen und tolle Anregungen.

Vielen Dank auch an das Leben, das all
diese Geschichten schrieb und weiter
schreiben wird.

Leben, du bist unerschöpflich!

Über Maja Vandenwald:

Maja Vandenwald ist die Witwe des Staatsanwalts Berthold Vandenwald, wohnt in einem kleinen Bungalow am Stadtrand von Menden und verarbeitete mit ihren „Shortmords" all die schrecklichen Verbrechen, die sie im Laufe der Jahre von ihrem Mann geschildert bekam. Nach ihrem ersten Buch „Shortmord" widmete sie sich den eher humorvollen Seiten der vielen Fallstricke im Alltag und bietet auch hier wieder viel zu lächeln.

Bisher erschienen:

Shortmord

120 gereimte Kurzkrimis
Verlag Wortspiel Literatur e.V.
ISBN 978-3-935500-16-6 **(Ab Herbst 2017 neue ISBN)** Preis: 8,90 €

Es gibt Krimis in inflationärer Menge, aber es gibt nur ein „Shortmord".

Kurze, böse, spannende Krimis in Reimform und durchnummeriert – Maja Vandenwald schildert Verbrechen auf eine Weise, die dem Leser häufig ein „hohoho" entlockt, weil er hin- und hergerissen wird zwischen Komik und Niedertracht.

www.majavandenwald.jimdo.com
udm.spieckermann@t-online.de
Bestellungen über www.triolit.de

Maja Vandenwald

Ein bunter Strauß
aus dem
Alpha-Beet

Wortspiel Literatur e.V.

Ein bunter Strauß aus dem Alpha-Beet

Alliterationen

BoD Books on Demand Norderstedt
ISBN: 978-3-744856-30-0
Preis: 4,99 €

Humorvolle Texte, in denen jedes Wort mit demselben Buchstaben beginnt.
Einmal quer durchs Alphabet.

Viel Vergnügen!

www.majavandenwald.jimdo.com
udm.spieckermann@t-online.de
Bestellungen über www.triolit.de

Shortmord 2

Weitere 101 gereimte Kurzkrimis
Nummer 121 – 221
BoD Books on Demand, Norderstedt
ISBN 978-3-743181-70-0
Preis: 8,90 €

Wer Shortmord mag, wird Shortmord 2 lieben!
Maja Vandenwald unterhält mit weiteren
101 Kurzkrimis.
Noch böser, noch unterhaltsamer.

Shortmord 2 – die Version für fortgeschrittene
Fans des schwarzen Humors.

www.majavandenwald.jimdo.com
udm.spieckermann@t-online.de
Bestellungen über www.triolit.de

Glitzlichter

Das Weihnachtsbuch von TrioLit
UbaBu Verlag
ISBN: 978-3-00-054266-4
Preis: 9,90 €

TrioLit schenkt nun der Welt zum Fest der Liebe
dieses sauerländisch angehauchte Weihnachts-
buch:
Ein Werk mit Herz, Schmerz, Sex und Krimi.
Es möge Ihnen viele schöne, entspannende, aber
auch mörderische Glitzlichter bescheren.

Bestellungen über
www.triolit.de
info@triolit.de